Meine schönsten
Blechkuchen & Waffel
Rezepte

Genehmigte Lizenzausgabe für
BuchVertrieb Blank GmbH, 85256 Vierkirchen-Pasenbach,
www.buchvertrieb-blank.de, © 2011

ISBN 978-3-937501-65-9

Meine schönsten

Blechkuchen & Waffel

Rezepte

gesammelt von

Elisabeth Schmitz

Inhaltsverzeichnis

Blechkuchen

Waffeln Seite

Zitronenschnitten

Man nehme:

200 g	Margarine	120 g	Mehl
200 g	Zucker	120 g	Stärkemehl
4	Eier	2 Teel.	Backpulver
2 Eßl.	Zitronensaft		

Temp.: 175° C
Umluft: 150° C

Backzeit: 30 Minuten

Guss:

200 g Puderzucker
3-4 Eßl. Zitronensaft

Und so wird´s gemacht:

Das weiche Fett schaumig rühren.
Zucker und Eier abwechselnd hinzufügen und rühren, bis der Zucker aufgelöst ist.
Dann den Zitronensaft unterrühren.
Das mit Stärkemehl und Backpulver gemischte und gesiebte Mehl nach und nach hinzufügen. Den Teig auf ein gefettetes Backblech geben und bei der angegebenen Temperatur backen.

Guss: Den gesiebten Puderzucker mit dem Zitronensaft kräftig verrühren und den erkalteten Kuchen damit bestreichen

Mokkaschnitten

Man nehme:

200 g	Margarine	375 g	Mehl
200 g	Zucker	3 gestr. Tl.	Backpulver
3	Eier	125 g	Schokolade
1 Pck.	Vanillezucker	evtl. 1	Tasse Milch

Temp.: 175° C

Umluft: 150° C

Backzeit: 30 Minuten

Guss:

150 g Puderzucker
1 Eßl. löslichen Kaffee
3-4 Eßl. heißes Wasser
1 Eßl. flüssiges Palmin

Und so wird´s gemacht:

Das Fett schaumig rühren. Anschließend Zucker und Eier unterrühren und so lange rühren, bis der Zucker geschmolzen ist.
Dann Vanillezucker zugeben. Das mit Backpulver gemischte und gesiebte Mehl nach und nach unterheben. Man gibt so viel Milch hinzu, bis der Teig schwer reißend vom Löffel fließt.
Zum Schluss hebt man die grob geraspelte Schokolade unter. Den Teig auf ein gefettetes Backblech geben und abbacken.

Guss: Puderzucker und Kaffee sieben und mit heißem Wasser verrühren, bis der Kaffee gelöst ist.
Zum Schluss das flüssige Palmin unterrühren und den erkalteten Kuchen sofort damit bestreichen

Butterkuchen

Man nehme:

4	Eier	300 g	Mehl
250 g	Zucker	1 Pck.	Backpulver
1 Pck.	Vanillezucker	250 ml	Sahne
2 Eßl.	Zitronensaft		

Belag:

125 g	weiche Butter	4 Eßl.	Milch
150 g	Zucker	200 g	Mandelstifte
1 Pck.	Vanillezucker		

Temp.:	200° C	Backzeit 1:	10 Minuten
Umluft:	175° C	Backzeit 2:	10 Minuten

Und so wird´s gemacht:

Eier schaumig schlagen. Zucker, Vanillezucker und Zitronensaft langsam zugeben und rühren, bis der Zucker geschmolzen ist. Das mit Backpulver gemischte und gesiebte Mehl und die Sahne unterrühren. Den Teig auf ein gefettetes Backblech geben und im vorgeheizten Backofen 10 Minuten backen.

In der Zeit Butter, Zucker, Vanillezucker und die Milch schaumig rühren und die Mandelstifte unterheben. Die Masse auf den vorgebackenen Kuchen streichen und noch weitere 10-15 Minuten backen.

Becherkuchen

Man nehme:

1 Becher	Sahne	4	Eier
1 Becher	Zucker	2 Becher	Mehl
1 Pck.	Vanillezucker	3 Teel.	Backpuler

Belag:

125 g	Butter	2 Eßl.	Milch
1 Becher	Zucker	2 Pck.	Vanillezucker
125 g	Mandelstifte		

Temp.:	200° C	Backzeit 1:	15-20 Min.
Umluft:	175° C	Backzeit 2:	10-15 Min.

Und so wird´s gemacht:

Sahne mit Zucker und Vanillezucker kräftig aufschlagen. Die Eier und nach und nach das mit Backpulver gemischte und gesiebte Mehl zugeben und verrühren. Den Teig auf ein gefettetes Backblech geben und etwa 15 Minuten vorbacken.

Während dieser Zeit Butter, Zucker, Mandelstifte und Milch erhitzen, bis der Zucker leicht karamelisiert ist. Diese Masse dann auf den vorgebackenen Kuchen geben und noch 10-15 Minuten weiter backen.

Obstkuchen

Man nehme:

200 g Margarine
200 g Zucker
4 Eier
375 g Mehl
3 gestr. Tl. Backpulver

Belag:

Äpfel oder 2-3 Pfd Pflaumen

Temp.: 175° C
Umluft: 150° C

Backzeit:
40-45 Minuten

Und so wird´s gemacht:

Das Fett schaumig rühren. Zucker und Eier abwechselnd zugeben und rühren, bis der Zucker geschmolzen ist. Das mit Backpulver gemischte und gesiebte Mehl nach und nach unterrühren. Den Teig auf ein gefettetes Backblech geben. Für den Belag die Äpfel schälen, halbieren, das Kerngehäuse entfernen und die Oberfläche einige Male leicht einschneiden. Die Äpfel mit der Schnittfläche auf den Teig legen und abbacken. Verwendet man Pflaumen, so werden diese entsteint und nicht zu dicht in den Teig gesteckt.

Tipp: Als Backapfel eignet sich sehr gut der Boskop-Apfel

Versunkene Kirschschnitten

Man nehme:

250	g	Margarine	6		Eier
200	g	Marzipan	350	g	Mehl
250	g	Zucker	1	Pck.	Backpulver
1	Pck.	Vanillezucker	2	Gl.	Sauerkirschen

Temp.: 190° C
Umluft: 160° C

Backzeit:
25-30 Minuten

Guss:

100 g Puderzucker
3 Eßl. Zitronensaft

Und so wird´s gemacht:

Das Fett mit dem weichen, in Stücke geschnittenen Marzipan schaumig rühren. Zucker, Vanillezucker und Eier abwechselnd hinzugeben und rühren, bis der Zucker geschmolzen ist. Das mit Backpulver gemischte und gesiebte Mehl nach und nach unterrühren. Etwa 3/4 der Teigmasse in eine gefettete Backpfanne geben, mit den gut abgetropften Kirschen belegen und den restlichen Teig darüber verteilen.
Den abgebackenen, abgekühlten Kuchen mit Zitronenguss bestreichen.

Tipp: Statt Sauerkirschen kann man sehr gut Stachelbeeren oder Aprikosen verwenden.

Feiner gedeckter Apfelkuchen

Man nehme:

1 Kg	Äpfel	5 Eßl.	Wasser
100 g	Zucker	1 Stange	Zimt
5 Eßl.	Zitronensaft		

300 g	Margarine	375 g	Mehl
300 g	Zucker	3 Teel.	Backpuler
6	Eier		

Temp.: 170° C

Umluft: 150° C

Backzeit: 40 Minuten

Und so wird´s gemacht:

Äpfel schälen, entkernen, in Stücke schneiden und mit Zucker, Zitronensaft, Wasser und Zimtstange 3-4 Min. dünsten. Falls erforderlich noch etwas Wasser zugeben. Auskühlen lassen.

Für den Teig Fett schaumig rühren, Zucker und Eier abwecheInd zugeben und kräftig rühren. Das Mehl-Backpulver-Gemisch unterrühren. Die Hälfte des Teiges in die vorbereitete Fettpfanne geben. Die Äpfel ohne Zimtstange darauf verteilen und den restlichen Teig darüber streichen. Den Kuchen auf der untersten Schiene im Ofen abbacken. Kurz vor dem Servieren mit Puderzucker bestreuen.

Rhabarberkuchen

Man nehme:

250 g	Margarine	100 g	Stärkemehl
250 g	Zucker	1 Pck.	Backpulver
1 Pck.	Vanillezucker	100 g	gem. Mandeln
4	Eier	1 Kg	Rhabarber
300 g	Mehl		

Temp.: 200° C
Umluft: 175° C

Backzeit:
40-45 Minuten

Guss:

100 g Puderzucker
3 Eßl. Zitronensaft

Und so wird´s gemacht:

Fett schaumig rühren, Zucker und Eier abwechselnd zugeben und rühren, bis der Zucker geschmolzen ist. Das mit Stärkemehl und Backpulver gesiebte Mehl abwechselnd mit den gemahlenen Mandeln unterrühren. Den Teig auf das vorbereitete Backblech geben. Den Rhabarber waschen, wenn erforderlich abziehen und in etwa 2 cm lange Stücke schneiden. Den Kuchen damit belegen und anschließend abbacken.

Den erkalteten Kuchen mit Zitronenguss bestreichen.

Kirschkuchen mit Kokosraspeln

Man nehme:

250 g Margarine
200 g Zucker
3 Eier
200 g Mehl
100 g Stärkemehl
3 Teel. Backpulver
150 g grob geraspelte Schokolade
2 Gläser Sauerkirschen

Kokosmasse:

150 g Butter
150 g Zucker
2 Eßl. Honig
200 g Kokosraspeln
75 ml Milch

Temp.: 200° C
Umluft: 175° C

Backzeit: 30 Minuten

Und so wird´s gemacht:

Fett schaumig rühren, Zucker und Eier abwechselnd zugeben. Das Mehl-Stärkemehl-Backpulver-Gemisch nach und nach zugeben. Zum Schluss die Schokolade unterziehen. Den Teig auf ein gefettetes Backblech geben und die gut abgetropften Sauerkirschen darauf verteilen.

Für die Kokosmasse Butter, Zucker und Honig erhitzen. Kokosraspeln und Milch hinzugeben und alles gut durchrühren. Die Masse auf die Kirschen streichen und das Blech sofort in den vorgeheizten Backofen schieben.

Spiegeleier-Kuchen

Man nehme:

200 g	Margarine	300 g	Mehl
200 g	Zucker	2 Teel.	Backpulver
3	Eier		

Temp.:	175° C	Backzeit 1:	15 Minuten
Umluft:	150° C	Backzeit 2:	15 Minuten

Belag:

1 l	Milch	400 g	Schmand
2 Pck.	Puddingpulver (Vanille)	100 g	Zucker

2 Dosen	Aprikosen
1/2 l	Obstsaft
2 Pck.	Tortenguss

Und so wird´s gemacht:

Fett schaumig rühren, Zucker und Eier nach und nach zugeben. Das mit Backpulver gemischte und gesiebte Mehl löffelweise unterrühren. Den Teig in die vorbereitete Fettpfanne geben und im Ofen 15 Min. vorbacken.

Aus Milch, Zucker und Puddingpulver einen Pudding kochen und den Schmand unterrühren. Die Masse auf den vorgebackenen Kuchen streichen und weitere 15 Min. backen.

Das abgetropfte Obst auf den Kuchen geben. Den Obstsaft mit dem Tortenguss binden und über den Kuchen verteilen.

Fruchtschnitten

Man nehme:

250 g	Margarine	200 g	Mehl
200 g	Zucker	125 g	Stärkemehl
4	Eier	2 Teel.	Backpulver

Temp.: 180° C
Umluft: 150° C

Backzeit:
25-30 Minuten

Belag:

3-4 Pfd. Erdbeeren
oder 3 Gl. Sauerkirschen
oder 3 Gl. Stachelbeeren
oder gemischtes Obst

3/4 l Obstsaft
3 Pck. Tortenguss

Und so wird´s gemacht:

Fett schaumig rühren. Eier und Zucker im Wechsel zugeben und so lange rühren, bis der Zucker gelöst ist. Mehl, Stärkemehl und Backpulver sieben und löffelweise unterrühren.

Den Teig auf das gefettete Backblech geben und abbacken. Den erkalteten Kuchen reichlich mit frischen Erdbeeren oder gut abgetropftem Obst belegen.

Als Obstsaft nimmt man bei frischen Erdbeeren verdünnten Himbeer- oder Erdbeersaft. Ansonsten bindet man 3/4 l Obstsaft nach Gebrauchsanweisung mit 3 Pck. Tortenguss und gibt diesen über das Obst.

Pfirsich-Kuchen mit Eierlikör

Man nehme:

200 g	Margarine	300 g	Mehl
150 g	Zucker	3 Teel.	Backpulver
1 Pck.	Vanillezucker	100 ml	Eierlikör
5	Eier	20 g	Mandelblättchen

2 Dosen Pfirsiche
Puderzucker

Temp.: 200° C
Umluft: 175° C

Backzeit:
25-30 Minuten

Und so wird´s gemacht:

Fett schaumig rühren, Zucker und Vanillezucker abwechselnd mit den Eiern hinzugeben und rühren, bis der Zucker geschmolzen ist. Das mit Backpulver gemischte und gesiebte Mehl abwechselnd mit dem Eierlikör unterrühren. Den Teig auf das vorbereitete Backblech geben und mit den gut abgetropften Pfirsichen belegen. Die gewölbte Seite der Pfirsiche leicht in den Teig drücken mit Mandelblättchen bestreuen und sofort abbacken.

Den ausgekühlten Kuchen mit Puderzucker bestreuen.

Tipp: Der Kuchen eignet sich sehr gut zum Einfrieren.

Zwetschgen-Schmand-Kuchen

Man nehme:

300 g	Margarine	600 g	Mehl
200 g	Rohmarzipan	1 Pck.	Backpulver
200 g	Zucker	200 ml	Milch
4	Eier		

Belag 1:

2 kg Zwetschgen

Temp.: 200° C
Umluft: 175° C

Backzeit: 15 Minuten

Belag 2:

2 Eier
4 Eßl. Zucker
500 g Schmand

Backzeit:
20-25 Minuten

Und so wird´s gemacht:

Fett schaumig rühren. Gewürfeltes Rohmarzipan zugeben und kräftig rühren. Zucker und Eier abwechselnd unterrühren. Das mit Backpulver gemischte und gesiebte Mehl und die Milch nach und nach hinzugeben. Den Teig in die vorbereitete Fettpfanne geben.

Die entsteinten Zwetschgen auf den Teig geben und leicht eindrücken. Im Ofen 15 Min. vorbacken.

Guss: Eier und Zucker schaumig schlagen, den Schmand unterheben und die Masse auf den vorgebackenen Kuchen streichen. Weitere 20-25 Min. backen.

Streusel-Quarkkuchen mit Rhabarber

Man nehme:

1,2 kg	Rhabarber	50 g	Stärkemehl
125 g	Zucker		
300 g	Butter	1	Ei
500 g	Mehl	250 g	Zucker
1 Messerspitze	Zimt		
3	Eier	15 g	Stärkemehl
150 g	Zucker	3 Eßl.	Zitronensaft
1 Pck.	Puddingpulver (Vanille)	750 g	Quark

Temp.: 200° C
Umluft: 180° C

Backzeit:
45-50 Minuten

Und so wird´s gemacht:

Rhabarber waschen, in 2 cm lange Stücke schneiden, mit Zucker mischen und 30 Min. ziehen lassen.

Für den Streusel die Butter schmelzen. Das Mehl in eine Schüssel sieben. Zimt, Zucker und Ei und nach und nach die Butter zugeben. Alles zu einem Streusel verkneten.

3/4 der Streuselmenge auf ein gefettetes Backblech geben und fest drücken. Den Rhabarber erhitzen, mit angerührtem Stärkemehl binden und kalt stellen.

Für die Quarkmasse Eier schaumig schlagen, dabei den Zucker langsam hinzugeben. Anschließend Stärkemehl, Puddingpulver, Quark und Zitronensaft unterrühren.

Den erkalteten Rhabarber auf den Streuselteig geben, die Quarkmasse darauf streichen und mit dem restlichen Streusel bedecken. Bei der angegebenen Temperatur abbacken.

Feiner Käse-Kuchen

Man nehme:

300 g	Mehl	140 g	Zucker
2 Teel.	Backpulver	2	Eier
140 g	Butter		

Belag:

1 Kg	Quark	2 Eßl.	Zitronensaft
4	Eigelb	2 Pck.	Puddingpulver (Vanille)
2	Eier	3/4 l	Milch
200 g	Zucker	350 ml	Oel

Temp.: 200° C
Umluft: 170° C

Backzeit: 30 Minuten

Guss:

4 Eiweiß
40 g Zucker

Backzeit: 10 Minuten

Und so wird´s gemacht:

Mehl mit Backpulver in eine Schüssel sieben. In die Mitte eine Vertiefung machen, Zucker und Eier hineingeben und mit einem Teil des Mehls zu einem dicken Brei verarbeiten. Das kalte Fett in Stückchen auf den Brei geben, mit Mehl bestäuben und von der Mitte aus alle Zutaten schnell zu einem glatten Teig verkneten (mit den Händen oder mit den Knethaken des Rührgerätes). Die Fettpfanne gut einfetten. Den Teig mit bemehlten Händen gleichmäßig darauf verteilen.

Für den Belag Quark mit 4 Eigelb, 2 Eiern, Zucker, Zitronensaft, Puddingpulver, Milch und Oel verrühren. Diese dünne Masse auf den Boden geben und 30 Min. backen. Eiweiß mit Zucker sehr steif schlagen und nach 30 Min. Backzeit vorsichtig auf den Quark streichen. Auf der zweiten Schiene von unten 10 Min. backen. Den Kuchen vor dem Anschnitt gut auskühlen lassen.

Grundrezept für Hefeteig

Man nehme:

500	g	Mehl
40	g	Hefe
1/4	l	Milch
75	g	Magarine
75	g	Zucker
1		Ei
1/2	gestr. Teel.	Salz

Und so wird´s gemacht:

Mehl in eine Schüssel sieben. In die Mitte eine Vertiefung machen und die Hefe hineinbröckeln. Die Hefe mit etwas Zucker und etwas lauwarmer Milch verrühren. Mit einem Küchentuch abdecken und an einem warmen Platz 15-20 Min. aufgehen lassen.

Die restliche Milch mit der Margarine erwärmen. Nicht zu heiß werden lassen. (Körpertemperatur) Milch, Margarine, Ei, Zucker und Salz auf das Mehl geben und mit den Knethaken des Rührgerätes die aufgegangene Hefe mit allen Zutaten so lange verarbeiten, bis der Teig sich vom Rand löst und Blasen wirft.

Den Teig nochmals 10-15 Min. aufgehen lassen, mit der Teigrolle ausrollen und auf das gefettete Backblech geben.

Butter-Zucker-Kuchen

Man nehme:

1 Rezept Hefeteig S. 36

Belag:

1 Becher Schmand
100 g Butter
100 g groben Zucker
125 g Mandelblättchen

Temp.: 180°-200° C
Umluft: 160°-170° C
Backzeit: 30-40 Minuten

Und so wird´s gemacht:

Den gut gegangenen Teig auf ein gefettetes Backblech geben. Den Schmand darauf streichen. Alle 5 cm kleine Vertiefungen in den Teig drücken und die in kleine Stückchen geschnittene Butter hineingeben.

Zucker und Mandelblättchen gleichmäßig darüber verteilen. Im vorgeheizten Backofen etwa 30 Min. backen.

Tipp: Hefekuchen soll möglichst frisch gegessen werden, deshalb nicht schon am Vortag backen.
Da er sich sehr gut einfrieren lässt, kann man ihn einige Tage vorher backen und einfrieren.

Rhabarber-Streusel-Kuchen

Man nehme:

1 Rezept Hefeteig S. 36

Belag:

1 Tasse Zwiebackbrösel
1 Tasse Löffelbiskuitbrösel

1,5 kg Rhabarber
150 g Zucker
2 Pck. Vanillezucker

Streusel:

400 g Mehl
250 g Zucker
1 Pck. Vanillezucker
250 g zerlassene Butter

Temp.: 200° C
Umluft: 170° C

Backzeit:
40-45 Minuten

Und so wird´s gemacht:

Rhabarber waschen, in 2-3 cm große Stücke schneiden, mit Zucker und Vanillezucker bestreuen und 1/2 Stunde ziehen lassen. Für den Streusel Mehl sieben mit Zucker, Vanillezucker und zerlassener Butter verrühren und zu Streusel verarbeiten.

Man bestreut nun den vorbereiteten Hefeteig auf dem Blech mit Zwieback- und Biskuitbrösel, verteilt darauf den Rhabarber und darauf den Streusel. Das Backblech sofort in den vorgeheizten Backofen geben und abbacken.

Käse-Streusel-Kuchen

Man nehme:

1 Rezept Hefeteig S. 36

Quarkmasse:

500	g	Quark	25	g	Stärkemehl
2		Eigelb	100	g	Rosinen
100	g	Zucker	2		Eischnee

Streusel:

200	g	Mehl	100	g	Zucker
50	g	gem. Mandeln	150	g	Butter

Temp.: 200° C
Umluft: 175° C

Backzeit: 30 Minuten

Und so wird´s gemacht:

Quark mit Eigelb, Zucker und Stärkemehl verrühren. Die Rosinen und den Eischnee unterheben. Für den Streusel das gesiebte Mehl mit den Mandeln und Zucker vermischen, die Butter in Flöckchen darauf verteilen und alles zu Streusel verarbeiten.

Den aufgegangenen Hefeteig auf ein gefettetes Backblech geben. Zuerst die Quarkmasse darauf verteilen und darauf den Streusel geben. Das Blech sofort im vorgeheizten Backofen abbacken.

Schwäbischer Apfelkuchen

Man nehme:

1 Rezept Hefeteig S. 36

Belag:

1	kg	Äpfel	1		Eigelb
1	Pck.	Soßenpulver (Vanille)	1/4	l	Milch
			250	g	Quark
100	g	Zucker	1		Eischnee

Temp.: 190° C
Umluft: 160° C

Backzeit: 40 Minuten

Und so wird´s gemacht:

Den aufgegangenen Hefeteig auf ein gefettetes Backblech geben und mit geschälten, in kleine Stücke geschnittenen Äpfeln belegen.

Soßenpulver mit Eigelb, Zucker und Milch verrühren und aufkochen lassen.
Quark löffelweise unterrühren und zum Schluss den Eischnee unterheben.
Die Masse auf die Äpfel geben und sofort im vorgeheizten Backofen abbacken.

Zwetschgenkuchen mit Mandelkrokant

Man nehme:

1 Rezept Hefeteig S. 36
1,5 kg Zwetschgen

Krokant:

150 g Butter
100 g Zucker
200 g süße Sahne
300 g Mandelstifte

Temp.: 175° C
Umluft: 150° C
Backzeit: 40 Minuten

Und so wird´s gemacht:

Die Zwetschgen waschen, entsteinen und in Spalten schneiden. Die Hälfte des aufgegangenen Hefeteiges auf das vorbereitete Backblech geben und mit Pflaumen belegen. Die zweite Teighälfte ausrollen und auf die Pflaumen geben.

Für den Krokant Butter und Zucker erhitzen bis alles geschmolzen ist. Dann die Sahne zugießen und etwa 2 Min. Köcheln lassen. Die Mandelstifte unterrühren. Die Masse auf die Teigplatte streichen und im vorgeheizten Backofen abbacken.

Tipp: Der Kuchen muß gut ausgekühlt sein bevor man ihn schneidet.

Waffeln

Man nehme:

250	g	Margarine	500	g	Mehl
150	g	Zucker	1/2	Teel.	Backpulver
	6	Eigelb	1/4	l	Milch
2	Pck.	Vanillezucker	1/4	l	Sprudel
1	gr. Prise	Salz		6	Eiweiß

Alle Zutaten sollen möglichst die gleiche Temperatur haben. Deshalb stellt man die Zutaten 2-3 Stunden bevor man den Teig zubereiten will an einem warmen Ort.

Und so wird´s gemacht:

Fett und Salz schaumig rühren. Abwechselnd Zucker, Vanillezucker und Eigelb hinzufügen und rühren, bis der Zucker geschmolzen ist. Das mit Backpulver gesiebte Mehl abwechselnd mit Milch und Sprudel hinzugeben. Zum Schluss das steifgeschlagene Eiweiß unterziehen.

Das Waffeleisen aufheizen und eventuell einfetten, dann die Waffeln goldgelb backen.

Die Rezeptmenge ergibt je nach Größe des Waffeleisens 16-20 Füllungen.

Tipp: Man kann Waffeln mit Sahne, Sauerkirschen, heißen Himbeeren, Preiselbeeren und Apfelkraut servieren.

Apfelwaffeln

Man nehme:

250 g	Margarine	1 Teel.	Backpulver
75 g	Zucker	1/8 l	Milch
1 Prise	Salz	300 g	Äpfel
4	Eier	50 g	Nüsse
250 g	Mehl		

Und so wird´s gemacht:

Fett und Salz schaumig rühren. Zucker und Eier abwechselnd zugeben und rühren, bis der Zucker geschmolzen ist. Das mit Backpulver gesiebte Mehl mit der Milch nach und nach unterrühren. Zum Schluß die geschälten, fein geraspelten Äpfel und die gemahlenen Nüsse unterheben.

Das Waffeleisen auf den gewünschten Bräunungsgrad einstellen, aufheizen und eventuell einfetten.

Die fertigen Waffeln mit einer Zimt-Zucker-Mischung bestreuen. Das Rezept ergibt etwa 15 Waffeln.

Tipp: Waffeln lassen sich sehr gut einfrieren. Am besten schmecken eingefrorene Waffeln, wenn man sie im Backofen kurz aufbackt.

Quarkwaffeln

Man nehme:

250 g Margarine	8 Eier
200 g Zucker	1 Messerspitze Salz
250 g Quark	250 g Mehl

Und so wird´s gemacht:

Fett und Salz schaumig rühren. Zucker und Eier abwechselnd zugeben und kräftig rühren. Dann gibt man löffelweise den Quark hinzu und zum Schluss nach und nach das Mehl.

Das Waffeleisen auf die gewünschte Bräunung einstellen und vorheizen. Backt man in einem beschichteten Waffeleisen, so braucht man es nicht einzufetten. Andernfalls fettet man mit Oel, Butter oder Margarine ein. Man gibt in das vorgeheizte Waffeleisen je nach Größe 2-3 Eßl. Teig und backt goldgelbe Waffeln.

Diese Rezeptmenge ergibt etwa 16 Waffeln.

Nusswaffeln

Man nehme:

175 g	Margarine oder Butter	150 g	Mehl
60 g	Zucker	1 Teel.	Backpulver
1 Pck.	Vanillezucker	75 g	gemahlene Haselnüsse
3	Eier	1 Eßl.	Rum

Und so wird´s gemacht:

Fett schaumig rühren. Zucker, Vanillezucker und Eier abwechselnd hinzugeben und so lange rühren, bis der Zucker geschmolzen ist. Das mit Backpulver gesiebte Mehl und die Haselnüsse nach und nach dazugeben.

zum Schluss 1 Eßl. Rum hinzugeben.
Den Teig sofort abbacken. Die erkalteten Waffeln mit Puderzucker servieren.

Die Rezeptmenge ergibt 6 Waffeln.

Tipp: Gebackene Waffeln nebeneinander auf einem Kuchenrost auskühlen lassen. Legt man sie aufeinander, so werden sie weich.

Zimtwaffeln

Man nehme:

125 g	Margarine oder Butter	250 g	Mehl
50 g	Zucker	2 Teel.	Backpulver
3	Eier	1 Teel.	Zimt
1 Pck.	Vanillezucker	1/8 l	lauwarmes Wasser

Zimt und Zucker zum Bestreuen

Und so wird´s gemacht:

Fett schaumig rühren, Zucker, Vanillezucker und Eier abwechselnd hinzugeben und rühren bis der Zucker geschmolzen ist.

Das mit Backpulver und Zimt gemischte und gesiebte Mehl löffelweise im Wechsel mit dem Wasser unterrühren.

Den Teig sofort abbacken. Je nach Größe des Waffeleisens 2-4 Eßl. Teig in die Mitte füllen. Die gebackenen Waffeln mit Zimt und Zucker bestreuen und möglichst warm servieren.

Das Rezepte ergibt 8-10 Waffeln.

Sandwaffeln

Man nehme:

200 g Margarine	200 g Mehl
100 g Zucker	1/2 Teel. Backpulver
4 Eier	1 Eßl. Rum

Und so wird´s gemacht:

Fett schaumig rühren. Zucker und Eier abwechselnd hinzugeben und rühren, bis der Zucker geschmolzen ist. Das mit Backpulver gemischte und gesiebte Mehl löffelweise unterrühren. Zuletzt den Rum hinzugeben.

In das vorgeheizte Waffeleisen mit 2 Teelöffeln kleine Häufchen in jedes Herz geben und goldgelb backen.

Man bekommt kleine Wäffelchen, die sich in einer gut verschließbaren Dose sehr lange aufbewahren lassen.

Tipp: Diese Sandwaffeln sind als kleine Beilage zu einer Tasse Kaffee sehr geeignet.

Eigene Rezepte

Eigene Rezepte

Eigene Rezepte

Eigene Rezepte

Eigene Rezepte